AF290095

BUSINESS

LA LOI DE PARETO

La règle des 80/20

Par Antoine Delers
Sous la direction d'Isabelle Van Steenkiste

50MINUTES.fr

LA LOI DE PARETO

INTRODUCTION

Historique

La loi de Pareto est un principe d'analyse et d'aide à la décision énoncé par Vilfredo Pareto (1848-1923) à la fin du XIXe siècle, plus précisément en 1897. Cet économiste et sociologue italien, qui a étudié à l'École polytechnique de Turin en Italie, est considéré comme le père fondateur de ce qu'on appelle aujourd'hui « le principe de Pareto ». C'est en étudiant les richesses de son pays qu'il constate que seuls 20 % des habitants possèdent 80 % des richesses totales. Il applique ensuite cette loi à d'autres États tels que la Russie, la France et la Suisse, et obtient les mêmes résultats.

Ce n'est pourtant qu'au cours des années quarante que Joseph Juran (1904-2008), un ingénieur américain travaillant sur la gestion de la qualité, reconnaît la théorie du 80/20 et l'attribue à Vilfredo Pareto.

Définition du modèle

La théorie de Pareto résulte d'une observation selon laquelle 20 % des causes sont responsables de 80 % des effets. Autrement dit, dans le monde du business, 20 % des clients sont responsables de 80 % du chiffre d'affaires. Ainsi, en identifiant ces 20 %, qui correspondent aux clients les plus importants, les entreprises peuvent y apporter plus d'attention et, ce faisant, gagner du temps et de l'argent. Selon Joseph Juran, la loi de Pareto a une application universelle dans le domaine de l'entreprise et peut se retrouver dans tous les secteurs d'une société. Il est possible même de retrouver cette loi dans la plupart des domaines de la vie quotidienne. Nous verrons cependant que, tant en entreprise que dans les autres domaines, ce ratio 80/20 n'est pas toujours respecté, mais donne malgré tout une idée de la réalité.

DONNÉES-CLÉS

- **Dénominations ?** Loi de Pareto, règle de Pareto, principe des 80/20 ou des 20/80
- **Usages ?**
  - En économie : aide à la gestion d'entreprise

(gestion de la qualité, de la clientèle, de la production, des stocks, des ressources humaines, etc.), élaboration des stratégies commerciales et marketing, etc.
   - En physique, en sociologie et en statistiques, mais aussi dans le domaine privé (gestion du temps, organisation des tâches, etc.)
- **Raison(s) de son efficacité ?** Selon le principe de Pareto, « 80 % des effets sont le produit de 20 % des causes ». Ce ratio permet d'identifier rapidement la partie essentielle d'une activité. Le modèle se retrouve dans de nombreux domaines de la vie quotidienne, dont le monde de l'entreprise, par exemple lorsque celle-ci souhaite identifier les clients qui génèrent le plus de revenus. Si le ratio 80/20 est respecté, l'entreprise peut se consacrer aux 20 % des clients qui génèrent 80 % de son chiffre d'affaires afin de les fidéliser pour les conserver.
- **Mots-clés ?** Vilfredo Pareto, principe de Pareto, règle des 80/20, règle ABC, chiffre d'affaires (CA), Joseph Juran, gestion du temps, relation clientèle, marketing relationnel, CRM, diagramme de Pareto, longue traîne, optimum de Pareto

THÉORIE – PRÉSENTATION DU CONCEPT

CONTEXTE INITIAL

Dans les années quarante, Joseph Juran remarque qu'une minorité des défauts identifiés cause la majorité des problèmes dans la chaîne de production. Reconnaissant rapidement le ratio 80/20 (80 % des problèmes sont causés par 20 % des défauts), il attribue cette théorie à Vilfredo Pareto au début du xxe siècle. Joseph Juran, au cours de ses recherches sur la gestion de la qualité, démontre alors qu'il peut séparer les causes en deux parties : ce qui est vital d'une part, dans notre cas 20 % des défauts, et ce qui est secondaire d'autre part, représentant les 80 % restant. Isolant les défauts considérés comme étant les plus problématiques, c'est-à-dire ceux qui génèrent 80 % des problèmes, Joseph Juran peut davantage concentrer ses efforts sur ceux-ci et ainsi réduire de façon significative les problèmes rencontrés dans la chaîne de production.

APPLICATIONS EN ENTREPRISE

Aujourd'hui, le principe de Pareto trouve de nombreuses applications en entreprise, mais également dans les domaines de la gestion personnelle et de la recherche d'efficacité. Les applications en entreprise peuvent aussi bien concerner la gestion de la clientèle que la gestion des ressources humaines, en imaginant que 20 % des employés fournissent 80 % du travail, mais aussi les stratégies commerciales, sachant que

20 % des produits génèrent 80 % des bénéfices. Dans cet article, nous aborderons plus en profondeur l'application de ce principe au domaine de l'entreprise. Les points suivants présentent ses divers usages de manière claire et succincte afin de vous permettre de mieux comprendre la loi de Pareto.

Pareto comme outil de marketing relationnel

Comme nous l'avons déjà énoncé précédemment, l'une des applications les plus importantes du principe de Pareto concerne la gestion de la clientèle d'une entreprise. De nombreuses études montrent en effet que 20 % des clients rapportent 80 % du chiffre d'affaires. Ces clients sont donc les plus importants de la société. Il s'agit par conséquent de les fidéliser au mieux afin d'assurer une rétention maximale, et ce notamment via le marketing relationnel.

BON À SAVOIR

Le marketing relationnel est un outil qui permet de créer et d'entretenir une relation entre une marque et ses clients, par l'octroi de cadeaux ou de remises, ou encore par des invitations ou des conseils. Le but est de développer une relation à long terme avec la clientèle, car les coûts de rétention sont moindres par rapport aux coûts d'acquisition de nouveaux clients.

Il existe une autre application du principe de Pareto dans la gestion de la relation avec la clientèle : 20 % des clients adressent 80 % des réclamations. Si les 20 % de clients cités dans l'exemple précédent sont les mêmes que ceux-ci, la société n'a pas de mal à satisfaire leurs demandes puisqu'elle se focalise déjà sur leur fidélisation. Malheureusement, ce n'est pas souvent le cas : les 20 % de clients importants ne sont que rarement les mêmes que ceux qui envoient 80 % des réclamations. Il est dans ce cas moins aisé pour la société d'identifier clairement chaque catégorie de clients et d'y attribuer la majeure partie de son attention. Il lui faut alors définir sa priorité et choisir entre son chiffre d'affaires et la gestion des réclamations (générant la satisfaction des clients).

Pareto comme outil de contrôle qualité

Une deuxième application, notamment utilisée par Joseph Juran, est celle du contrôle et de la gestion de la qualité dans la chaîne de production. Si 20 % des défauts occasionnent 80 % des problèmes, alors la société a tout intérêt à concentrer ses efforts pour régler les défauts en question afin d'améliorer la qualité. D'autres applications du même type sont également valables :

- 20 % du temps de réglage des machines règle 80 % des problèmes ;
- 20 % de la chaîne de production produit 80 % du produit final.

Autres utilisations de Pareto

- Outil de gestion personnelle : 20 % de notre travail produit 80 % des résultats.
- Outil de gestion des risques : 20 % des risques amènent 80 % des conséquences.
- Outil de gestion logistique : 20 % des produits engendrent 80 % des coûts de stockage.

- Outil de gestion de stock : 20 % du nombre total de produits représente 80 % de la valeur totale du stock.
- Outil de gestion des ventes : 20 % des produits génèrent 80 % des bénéfices, etc.

ET SI LA RÈGLE ÉTAIT UNE NORME

Et si le principe de Pareto représentait une norme dans les entreprises aujourd'hui ? Doit-on s'approcher au plus près du ratio 80/20 pour assurer sa survie ?

Prenons un exemple déjà étudié : une entreprise qui, après une étude de sa clientèle, remarque que seuls 10 % de ses clients rapportent 90 % de son chiffre d'affaires. Sa situation est, dans une certaine mesure, très préoccupante, puisque son capital de clients importants est faible. Si elle venait à perdre ne fût-ce que quelques-uns d'entre eux, le chiffre d'affaires se baisserait drastiquement. Dans ce cas, s'éloigner de la norme des 80/20 pourrait s'avérer fatal pour l'entreprise. Deux solutions s'offrent alors à l'entreprise :

- soit elle décide de choyer ses clients importants afin de les garder. Mais cette solution simpliste ne résoudra pas ses problèmes, car elle gardera toujours ses œufs dans le même panier ;

- soit, à mettre en œuvre conjointement avec la première option, elle choisit de fidéliser les autres clients pour revenir à un meilleur équilibre. À ce stade, il est intéressant en effet de s'attarder sur les clients moyens afin de les amener à devenir de bons clients, et revenir ainsi à un ratio moyen plus sécurisant.

Le second exemple montre, quant à lui, que s'éloigner de la norme n'est pas nécessairement dangereux pour une société. Imaginons cette même entreprise qui, après son étude de clientèle, remarque qu'elle ne possède aucun gros client et que 30 % de ses acheteurs les plus importants lui rapportent 70 % de son chiffre d'affaires. Bien que proche de la loi des 80/20 sans parvenir cependant à l'équilibre de Pareto, la société se trouve en moins mauvaise posture que dans l'exemple précédent. Certes, l'activité est sans doute dispersée, mais la perte de quelques clients ne la bouleverserait pas autant que dans la situation du ratio 90/10 et ne se révèlerait pas aussi dramatique. Mais attention, cela pourrait néanmoins être problématique en termes de coût par client, ceux-ci étant plus nombreux : les coûts de gestion de clientèle et de communication sont en effet plus importants. Dans ce cas, revenir à un équilibre des 80/20 serait un gage de réussite future.

Adapter la méthode de Pareto pour arriver au ratio 80/20 n'est pas un but en soi. Tout dépend de l'activité de la société et de son secteur. Une entreprise de supermarchés a sans doute de nombreux petits clients, conformément au secteur, tandis qu'un constructeur aéronautique compte certainement moins de clients, mais ceux-ci sont inévitablement plus importants. Le secteur influence donc le ratio de Pareto, celui-ci ne devant pas se maintenir à 80/20 constamment.

offrant des produits personnalisés. Cette deuxième méthode d'approche du client est certes la plus intéressante, mais également la plus onéreuse à mettre en place. Enfin, d'autres types de communication intermédiaires existent comme le marketing différencié, qui cible une plus ou moins grosse partie du marché, ou encore le marketing concentré, qui se focalise uniquement sur une petite niche de marché.

AVANTAGES DU MODÈLE DE PARETO

Les avantages de la prise en compte du principe de Pareto sont nombreux. La plupart d'entre eux ont d'ailleurs déjà été mentionnés dans les chapitres précédents. Une entreprise, qui connaît pour chaque département son ratio de Pareto, peut améliorer son efficacité, notamment en :

- gérant mieux ses risques. En connaissant les risques les plus importants et les plus faciles à corriger, elle peut mieux se centrer sur son *core business* ;
- connaissant mieux ses clients. Ainsi, elle peut définir sa stratégie de communication

et viser principalement les consommateurs les plus importants. En connaissant les caractéristiques des 20 % des clients les plus importants, notamment leur provenance, leur type d'industrie dans le cas de professionnels ou encore leur âge et leur sexe dans le cas d'individus, elle peut s'adresser à de nouveaux prospects correspondant à ces mêmes caractéristiques. Les consommateurs visés étant semblables aux meilleurs clients, elle a plus de chance de les faire passer du stade de prospect au stade de client ;

- limitant les coûts. Dans une chaîne de production, connaître les postes qui consomment le plus d'énergie et qui fournissent le moins bon rendement peut permettre à l'entreprise de s'adapter, de supprimer ou de modifier les éléments les plus coûteux ;
- limitant les pertes de temps. En connaissant les activités qui sont les plus productives, un manager peut se concentrer sur elles pour améliorer leur rendement.

LIMITES DU MODÈLE ET EXTENSIONS

LIMITES ET CRITIQUES DU MODÈLE

Le modèle de Pareto, malgré son caractère universel, n'est pas toujours vérifié dans chaque secteur et dans chaque département. Nous avons souligné une première limite dans la grande distribution, domaine dans lequel il est peu probable que 20 % des clients amènent 80 % du chiffre d'affaires. La loi doit donc être adaptée au secteur, mais également au département d'entreprise concerné. Par ailleurs, nous pouvons émettre deux autres critiques : premièrement, le ratio 80/20 n'est évidemment pas toujours celui que l'on observe dans la réalité. Ensuite, se concentrer sur les 20 % ne constitue pas toujours la meilleure solution.

Un modèle pas toujours exact

La première critique relative à ce principe met en lumière le fait qu'il ne s'agit pas d'une science exacte. Obtenir un ratio 80/20 pour chaque département d'une entreprise est en pratique impossible. L'idée originelle du modèle n'est cependant pas contredite. Dans la théorie de Joseph Juran, les effets doivent être séparés en deux parties. D'un côté, une partie minime en nombre, mais importante en conséquences, et de l'autre côté, une partie importante en nombre, mais limitée en conséquences. Si délimiter précisément ces deux parties en 20 % et 80 % n'est pas toujours réalisable, les ratios 10/90 ou 5/95 peuvent également être utilisés et pourraient même être la norme correspondant à une situation précise.

Un modèle pas toujours efficace

La deuxième critique porte sur l'efficacité relative du principe de Pareto. Si 80 % des produits d'une société sont peu vendus, ils peuvent cependant représenter une marge non négligeable du chiffre d'affaires (admettons 20 %). Si les coûts de stockage de ces produits sont moindres, l'entreprise peut se permettre de continuer à les vendre même s'ils attirent moins de consommateurs. Nous verrons ainsi dans le point suivant que la loi de Pareto est liée à un autre principe important, celui de la longue traîne.

EXTENSIONS ET MODÈLES CONNEXES

Le modèle ABC

Le modèle ABC apporte une amélioration au principe de Pareto. Ce nouveau principe émet l'hypothèse qu'avec Pareto, on ne tient pas compte des catégories intermédiaires et qu'il est difficile de juger de leur importance. En classifiant les effets en trois catégories (A, B et C), une entreprise ne néglige pas les effets moins importants que les 20 premiers pourcents et prend en considération leur importance en termes de conséquences. Ces classes peuvent être réparties de la façon suivante :

- Classe A : 20 % des clients qui amènent 80 % du chiffre d'affaires ;
- Classe B : 30 % des clients qui amènent 15 % du chiffre d'affaires ;
- Classe C : 50 % des clients qui amènent 5 % du chiffre d'affaires.

La classe B représente ici la zone à risques, pour laquelle un investissement en temps et en argent peut toujours être intéressant. Alors que cette partie était négligée par Pareto, le modèle ABC, plus précis, permet de prendre en compte les catégories intermédiaires.

La longue traîne

La longue traîne est un concept connexe et complémentaire à celui de Pareto. Il répartit le chiffre d'affaires d'une entreprise sur l'ensemble des produits de celle-ci, incluant également les biens particuliers – qui représentent malgré tout une part importante du CA –, caractérisés par :

- un faible taux de ventes par produit particulier ;
- un nombre élevé de produits particuliers (souvent plus de 80 % du nombre total de produits).

Dans le cas d'un libraire, par exemple, les biens particuliers désignent l'ensemble des ouvrages publiés qui ne se vendent qu'à quelques exemplaires par an. Étant donné les coûts et la place que nécessite un tel stockage, il est impossible pour un libraire de ne proposer que ces bouquins à la vente. Il doit donc se concentrer sur des ouvrages qui se vendent bien, par exemple les best-sellers, pour équilibrer la balance.

Le lien avec le principe de Pareto réside dans le fait qu'ici, seule une minorité des articles représentent la plupart des ventes. Un commerce traditionnel doit donc se concentrer sur ces produits. Toutefois, les sites e-commerce constituent une exception.

Alors que suivant la loi de Pareto, on ne devait s'intéresser qu'aux 20 % les plus importants, la longue traîne en e-commerce permet de prendre en considération les 80 % restants, les coûts supplémentaires étant minimes et le rendement important. Amazon est un bon exemple d'utilisation de la longue traîne. En tant que site e-commerce, l'entreprise peut proposer à la vente une quantité impressionnante d'ouvrages qui étaient jusque-là difficiles à trouver en magasin. Exemple flagrant des limites de la loi de Pareto, ce cas, qui bénéficie des nouvelles données issues de l'avènement d'Internet, illustre le fait qu'il peut en effet être intéressant, voire très intéressant pour certaines entreprises, de ne pas se focaliser uniquement sur les 20 % des produits les plus vendus.

MISE EN PRATIQUE DU MODÈLE DE PARETO

Dans ce chapitre, nous allons mettre en pratique ce que nous avons appris jusqu'ici. Pour cela, nous débuterons par la création d'un diagramme de Pareto, utile pour déceler visuellement les 20 % les plus intéressants. L'exemple, celui d'un vendeur et de ses clients, est volontairement simpliste afin de faciliter la compréhension. Un cas pratique plus complet sera présenté à la fin de ce chapitre.

MISE EN FORME DE LA BASE DE DONNÉES

La première étape consiste à préparer une base de données. Étant donné qu'il est nécessaire de trouver les 20 % les plus importants, il est conseillé de classer les données par ordre décroissant pour déceler immédiatement les éléments intéressants.

Dans la première colonne, il convient d'inscrire une liste de facteurs à observer, par exemple une liste de clients. Dans la seconde doivent se trouver les variables qui y correspondent, par exemple le montant des achats effectués par les différents clients.

Ensuite, il est nécessaire de calculer le pourcentage de chaque objet (dans ce cas, de chaque client), ainsi que le pourcentage cumulé. Ce dernier pourcentage nous servira à tracer une ligne de pourcentages cumulés dans le graphe de Pareto. En additionnant alors l'ensemble des données, le seuil des 80 % se dessinera distinctement.

En simplifiant les choses, vous devriez obtenir une base de données comme celle-ci :

Client	Montant	Pourcentage (%)	% cumulé
A	9 700	24,84	24,84
B	8 200	21,00	45,84
C	6 900	17,67	63,51
D	4 970	12,73	76,24
E	1 890	4,84	81,08
F	1 660	4,25	85,33
G	1 540	3,94	89,27
H	1 230	3,15	92,42
I	800	2,05	94,47
J	610	1,56	96,03
K	520	1,33	97,36
L	380	0,97	98,34
M	350	0,90	99,23
N	200	0,51	99,74
O	100	0,26	100,00
Total	39 050	100	

Cet exemple fictif regroupe un total de 15 clients, identifiés de la lettre « A » à la lettre

« O » et classés par ordre décroissant en fonction du montant des achats effectués (données contenues dans la deuxième colonne). Il peut par exemple s'agir des résultats d'un vendeur à domicile et de son portefeuille de clients. La troisième colonne correspond, quant à elle, au pourcentage des achats de chaque client par rapport au montant total et la quatrième calcule le pourcentage cumulé, c'est-à-dire l'addition de tous les pourcentages. L'ensemble des clients nous donne donc forcément 100 % des ventes.

Les données en rouge correspondent à la tranche des 80 % recherchée dans le principe de Pareto. Nous avons en effet environ 27 % des clients (4 clients/15) qui rapportent environ 76 % du chiffre d'affaires. Ce sont sur ces données que le vendeur devra concentrer son attention.

Remarquez qu'il est possible d'appliquer la règle ABC dans notre cas, puisqu'il existe une catégorie intermédiaire profitable pour le vendeur. Les clients concernés (E, F, G, H, I et J) représentent 40 % des consommateurs et génèrent 20 % du chiffre d'affaires : la couleur bleue les caractérise.

CRÉATION DU GRAPHIQUE

Il faut maintenant élaborer le graphique (sur le logiciel Excel, par exemple). Le graphique habituellement utilisé est l'histogramme combiné avec une courbe de valeurs représentant la dernière colonne de notre tableau. Cette démarche est bien entendu optionnelle : il est déjà possible de commenter les résultats sur un simple tableau.

Voici le graphique correspondant aux données :

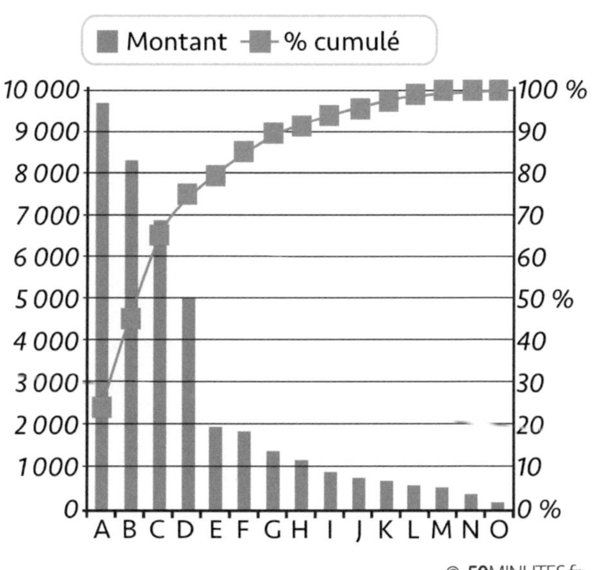

L'axe des abscisses reprend les clients et l'axe des ordonnées correspond aux montants des ventes. Les bâtonnets bleus représentent l'ensemble de ce qui a été dépensé par les clients du portefeuille du vendeur, tandis que la ligne rouge représente le pourcentage cumulé des ventes (dont les données sont reprises en pourcentage sur la droite). Nous interpréterons ces résultats dans les points suivants de ce chapitre.

comme nouvelle série sur votre graphique, en changeant le type de graphique pour ces données uniquement (en choisissant par exemple le graphique « courbes avec marques ») et enfin en les plaçant sur l'axe secondaire (à droite) ;
- faire la mise en page et ainsi ajouter les titres des axes et du graphique, éventuellement changer les couleurs et ajouter des étiquettes de données à vos axes, comme par exemple l'affichage des pourcentages cumulés sur votre graphique.

IDENTIFICATION DES 20 % LES PLUS IMPORTANTS

En guise de troisième étape, nous interpréterons le graphique (et/ou le tableau) afin d'identifier les 20 % les plus importants. Dans le cas de clients, nous pouvons aisément distinguer le total des ventes affectées à tel ou tel client. Le résultat ne correspondra pas nécessairement à la règle des 80/20, mais il est important de savoir quels sont les facteurs qui agissent sur le domaine étudié.

Premières constatations

- Environ 27 % des clients (A, B, C et D) rapportent 76 % du chiffre d'affaires (ratio le plus proche de celui de Pareto).
- La majeure partie de l'attention du vendeur doit être consacrée à la fidélisation de ces clients importants.
- La méthode ABC permet de ne pas négliger les intermédiaires qui, dans ce cas-ci, constituent près de 20 % du CA.

MESURES À PRENDRE

Types de mesures

La dernière étape consiste à prendre des mesures en fonction des résultats obtenus pour améliorer les rendements des stratégies de l'entreprise. Les mesures peuvent être diverses :

- correction de problèmes dans une usine ;
- remerciement aux employés très productifs ;
- identification de prospects ;
- fidélisation des clients, etc.

La fidélisation des clients peut se faire via des publicités, des promotions personnalisées ou encore d'autres stratégies de rétention comme, par exemple, une invitation à une foire commerciale.

Pour compléter cet exemple, nous pouvons imaginer que notre vendeur à domicile, ayant identifié quatre clients et entrepris une stratégie de fidélisation de ceux-ci, décide de rechercher de nouveaux prospects pour augmenter son CA. Pour parvenir à ce nouvel objectif, il pourra notamment utiliser un outil appelé « segmentation RFM ».

- le montant/la quantité des achats qui place directement le client dans la meilleure catégorie.

Recommandations

- Il ne sert à rien d'utiliser le principe de Pareto si on ne veut rien en faire.
- La méthode n'est pas exacte, aussi ne faut-il pas nécessairement obtenir un ratio 80/20.
- La règle de Pareto n'est pas utilisable dans tous les domaines.
- La méthode ne prend pas en compte les valeurs intermédiaires.
- Comme nous l'avons vu avec la longue traîne en e-commerce, les valeurs les moins fréquentes peuvent être profitables dans certains cas.

ÉTUDE DE CAS – UNE CHAÎNE DE FABRICATION

Introduction au problème

Notre étude de cas fictif concerne une industrie et sa chaîne de fabrication. Dans cette société, la chaîne connaît des interruptions récurrentes tout au long de l'année. Ensemble, elles représentent un total de 1033 heures, soit un peu plus d'un mois d'inactivité. Pour pallier la perte d'heures de travail, le directeur, qui a remarqué que la dynamique n'était pas logique, identifie une dizaine de cas fréquents qui provoquent l'arrêt de la chaîne. Il estime ensuite un temps moyen d'arrêt de la production (en heures) et établit un comptage des occurrences pour chaque source d'interruption. En utilisant le principe de Pareto, il espère repérer les facteurs qui perturbent la chaîne.

Mise en forme de la base de données et du graphique

Problèmes [retard en heures]	Occurrences	Total (h)	%	% cumulé
Entretien des machines [7]	56	392	37,95	37,95
Recalibrage [3]	87	261	25,27	63,21
Mauvais paramétrage [4]	23	92	8,91	72,12
Fuite d'huile sur la machine [7]	12	84	8,13	80,25
Rupture de stock [12]	5	60	5,81	86,06
Changement de commande [4]	15	60	5,81	91,87
Panne de compresseur [7]	4	28	2,71	94,58
Grève des employés [24]	1	24	2,32	96,90
Panne d'électricité [1]	22	22	2,13	99,03
Panne générale [2]	5	10	0,97	100,00
Total	230	1 033	100	

- La première colonne présente les problèmes répertoriés dans l'usine. Ce que contiennent les crochets figure le nombre moyen d'heures d'arrêt de la chaîne de production résultant de ces problèmes.
- Dans la deuxième colonne, on trouve les occurrences des problèmes : au total, on en compte 230.
- Dans la troisième colonne sont classés, par ordre décroissant, les résultats de la multiplication des occurrences par le nombre d'heures d'arrêt de travail, qui correspondent au nombre total d'heures de travail perdues. Ces données serviront à tracer les bâtonnets de notre graphe de Pareto.
- Enfin, la quatrième colonne présente les pourcentages par rapport au total des heures de travail perdues, tandis que la dernière rapporte les pourcentages cumulés.

Le graphique ci-dessous reprend les différentes données exposées jusqu'ici sous forme de tableau : la ligne rouge, dont l'échelle se trouve à la droite du graphique, représente le pourcentage cumulé, tandis que les bâtonnets bleus figurent le nombre d'heures de retard (axe de gauche) en fonction du problème rencontré.

Graphique de la chaîne de production de l'industrie étudiée

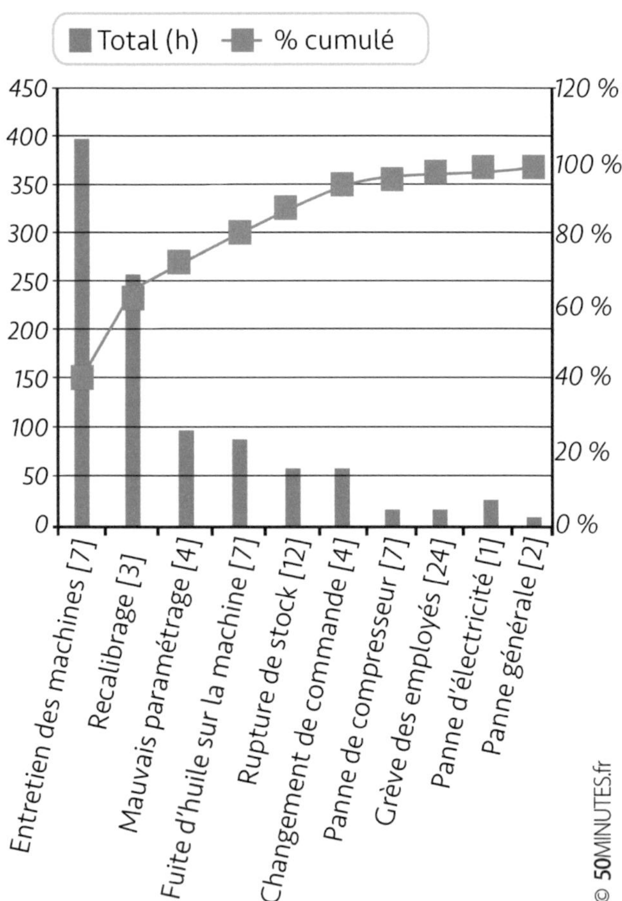

Identification des facteurs importants

Le principe de Pareto s'observe particulièrement bien dans ce cas puisqu'une minorité de facteurs occasionnent une majorité de problèmes. Plus exactement, ce sont près de 30 % des facteurs qui occasionnent 72 % des retards dans la chaîne de production. Notons qu'il existe deux autres ratios proches de celui-ci :

- en prenant les deux problèmes majeurs en considération, soit 20 %, le pourcentage des retards s'élève à 63 % ;
- en prenant les quatre problèmes majeurs en considération, soit 40 %, le pourcentage des retards s'élève à 80 %.

Quel est le meilleur ratio ? Il est difficile de répondre à cette question. Ce qui est certain, c'est qu'en prenant le ratio du milieu, soit 30 % des facteurs qui occasionnent 72 % des retards, on se rapproche le plus de Pareto.

Malheureusement, cela ne règle pas tous les problèmes car :

- premièrement, on se retrouve avec beaucoup de facteurs problématiques à régler, alors que choisir de se focaliser sur le premier ratio (deux problèmes) permettrait de se concentrer sur une minorité de causes engendrant un maximum de conséquences, ce qui est précisément l'objectif du principe de Pareto ;

- deuxièmement, si le directeur de l'usine désire plutôt régler un maximum de problèmes, il a tout intérêt à se concentrer sur le troisième ratio en corrigeant 40 % des problèmes qui engendrent 80 % des retards dans la chaîne de fabrication.

CONCLUSION

Dans notre exemple, nous avons observé une chaîne de production freinée par des retards importants et récurrents. Cet exemple, malgré son caractère fictif, est aisément adaptable à tous les secteurs d'une entreprise (production, machines, employés, clients, etc.). En identifiant les problèmes les plus importants, une société peut trouver des solutions adaptées pour minimiser ses efforts et optimiser les résultats.

Grâce à la loi de Pareto, ainsi qu'à l'analyse ABC qui vient la compléter, les entreprises peuvent penser autrement et se focaliser sur les problèmes les plus importants tout en gardant une maîtrise sur leur *core business*. Puisque nous partons du principe que « le temps, c'est de l'argent », nous pouvons aisément imaginer que chaque entrepreneur et chaque personne impliquée dans une société peut optimiser les processus existants afin de toujours rester compétitif. Il en va de même pour les individus pour lesquels la loi de Pareto se vérifie.

- La loi de Pareto est un principe universel qui montre que 20 % des causes engendrent 80 % des effets. En identifiant ces causes, une organisation peut aisément contrôler les effets les plus importants.
- Les applications de ce principe sont nombreuses. Elles concernent non seulement l'entreprise, en visant sa productivité ou ses relations avec la clientèle, mais également de multiples domaines de la vie quotidienne, comme la gestion d'un ménage par exemple.
- Une application concrète de la loi de Pareto est la gestion de la clientèle d'une société. Dans une entreprise traditionnelle, il arrive bien souvent que 20 % des clients rapportent 80 % du chiffre d'affaires. En identifiant ces clients, la société peut ainsi concentrer ses efforts sur eux pour améliorer sa rentabilité.
- Le modèle ABC est un modèle connexe au principe de Pareto. Il améliore ce dernier en prenant en compte les catégories intermédiaires, qui engendrent également des effets,

certes moins importants, mais pas pour autant négligeables.

- La longue traîne est quant à elle un concept complémentaire à celui de Pareto, et concerne principalement la vente en ligne. Le ratio 80/20 étant toujours vérifié, une société capable de limiter ses coûts, grâce à Internet notamment, peut se permettre de ne pas se centrer uniquement sur les 20 % les plus importants, mais bien sur l'ensemble de sa marchandise, dont certains produits peu vendus.

- Finalement, la loi de Pareto peut se mettre en pratique facilement sous forme de tableaux et de graphiques, offrant ainsi une vue globale du problème et une identification des effets recherchés. La société, l'organisation ou le simple ménage peut ainsi se focaliser sur les mesures à prendre pour plus d'efficacité et de rentabilité.

Votre avis nous intéresse !
Laissez un commentaire sur le site de votre
librairie en ligne et partagez vos coups de cœur sur
les réseaux sociaux !

POUR ALLER PLUS LOIN

SOURCES BIBLIOGRAPHIQUES

- ANDERSON (Chris), *La Longue Traîne. La nouvelle économie est là !*, Londres, Pearson, 2009.

- COTTER (John J.), *The 20 % Solution*, Hoboken, John Wiley & Sons, 1995.

- COYNE (Shawn), « The Pareto Principle Meets the Long Tail », in *Steven Pressfield Online*, consulté le 22 mai 2014.
  http://www.stevenpressfield.com/2012/11/the-pareto-principle-meets-the-long-tail/

- DUFOUR (Laurent), « Efficacité du dirigeant : qu'est-ce que la loi de Pareto ? », in *Le Blog du Dirigeant*, consulté le 22 mai 2014.
  http://leblogdudirigeant.com/efficacite-du-dirigeant-quest-ce-que-la-loi-de-pareto/

- JURAN (Joseph M.), *Quality Control Handbook*, New-York, McGraw-Hill, 1951.

- KOCH (Richard), *The 80/20 Principle*, Londres, Nicholas Brealey Publishing, 1998.

- « Les techniques et stratégies de prospection », in *Le site des profs de vente et de commerce*, consulté le 22 mai 2014.
  http://www.lescoursdevente.fr/bacvente/Prospection/Des%20outils%20de%20segmentation%20des%20clients-prospects,%20Pareto,%20ABC,%20RFM.pdf

- MONTANARO (Lisa), « The Power of the Pareto Principle (aka the 80/20 Rule) », in *Lisa Montanaro. Purpose. Passion. Productivity*, consulté le 22 mai 2014.
  http://www.lisamontanaro.com/2012/03/16/the-power-of-the-pareto-principle-aka-the-8020-rule/

- REH (John F.), « Pareto Principle – The 80-20 Rule », in *Management about*, consulté le 22 mai 2014.
  http://management.about.com/cs/generalmanagement/a/Pareto081202.htm

- « Understanding the Pareto Principle (The 80/20 Rule) », in *Better Explained*, consulté le 22 mai 2014.
  http://betterexplained.com/articles/understanding-the-pareto-principle-the-8020-rule/

- VILLEMIN (Gérard), « Loi de Pareto », in *Nombres – Curiosités, théories et usages*, consulté le 22 mai 2014.
  http://villemin.gerard.free.fr/aSocial/Pareto.htm

SOURCES COMPLÉMENTAIRES

- MARSHALL (Perry), *80/20 Sales and Marketing*, Irvine, Entrepreneur Press, 2013.

- SAVARA (Sid), « The Problem with the Pareto Principle », in *Personal Development Training with Sid Savara*, consulté le 22 mai2014. http://sidsavara.com/personal-productivity/the-problem-with-the-pareto-principle

ISBN ebook : 978-2-8062-6947-8
ISBN papier : 978-2-8062-6948-5
Dépôt légal : D/2015/12603/414
Couverture : © Lisiane Detaille

Conception numérique : Primento, le partenaire numérique des éditeurs